BEAUTÉS

De la Ville du Soleil

ET

Mr VICTOR GRANDIN.

BEAUTÉS
DE LA VILLE DU SOLEIL

ET

Mr Victor Grandin,

Par LE ROY LE MÉNESTREL, de Louviers.

EVREUX,
Imprimerie et Librairie de veuve COSTEROUSSE,
Rue Grande, 10, près le Grand Carrefour.

1850.

BEAUTÉS
DE LA VILLE DU SOLEIL
ET
Mr VICTOR GRANDIN.

Première Partie.

Lors de mon dernier voyage à Paris, j'éprouvai le plus grand plaisir d'y rencontrer un ancien ami qui eut la bonté de me présenter à sa famille, elle daigna pendant 2 jours me faire mille fêtes ; mais le lendemain ma joie fut subitement arrêtée, semblable à ce beau soleil qui brille de tout son éclat et qui se trouve soudainement voilé par un nuage chargé d'orage.

Mon Dieu! daigne m'inspirer, puis me faire le précieux don de deux étincelles de ton divin feu : l'une pour que je fasse la description de la ville d'Elbeuf, que je vais surnommer la ville du soleil, et l'autre pour que j'écrive l'éloge du célèbre M. Victor Grandin.

Comme dans le volume de mes mémoires, j'emploierai cette vérité, que le méchant déteste par jalousie, car la jalousie est excessivement dangereuse, c'est un vice qui conduit au mal; c'est l'ennemie éternelle du mérite et de la vertu; la jalousie noircit tout par où elle passe, elle métamorphose et empoisonne l'homme d'honneur.

Enfin j'emploierai cette auguste vérité, fille du ciel et chérie des illustres Français; elle est éminemment utile et est bien préférable à cette fiction qui gâte la raison, puis allume comme la jalousie de mauvaises passions!

Comme dans mes autres écrits, je donnerai à celui-ci de la variété, elle excite à la gaité et empêche l'ennui.

Ce fut avec la plus vive douleur que j'appris que notre belle patrie venait de faire la perte de plusieurs grands citoyens: celle du respectable M. Grandin m'affligea d'autant plus que je le connaissais depuis mon enfance, et qu'il fut mon compagnon d'armes dans la garde nationale d'Elbeuf; nous étions de la 1re compagnie de chasseurs et de la même escouade, ce qui me procura le bonheur de passer avec lui pendant plusieurs années des nuits entières au corps-de-garde, nous saisissions toujours l'occasion de nous entretenir d'affaires, je remarquais avec plaisir qu'il en parlait dans l'intérêt public avec cet esprit brillant et agréable, puis cette connaissance et ce jugement dont il était si heureusement doué. Aussi il me fut naturel de lui dire bien avant qu'il fut élu député : « M. Grandin, les populations seraient heureuses et enchantées de vous voir partager des fonctions aussi précieuses, aussi sacrées. » Je ne terminais pas ma phrase qu'il s'empressait de me dire : M. Leroy je suis très-sensible à l'intérêt que vous daignez me porter, recevez-en mon remerciment.

Enfin mes vœux se réalisèrent, il fut nommé à la grande satisfaction de ses commettants.

Depuis, je n'eus l'avantage de le rencontrer qu'à Paris, peu de jours avant qu'il n'expirât. Il m'aborda sur la place Saint-Sulpice, il eut la bonté de m'entretenir du volume de mes mémoires en termes flatteurs, et me dit : J'ai su avec plaisir que vous aviez obtenu un grand nombre de suffrages dans plusieurs départements ; et comme candidat vous avez bien fait de publier ce volume, les électeurs pourront à l'avenir vous apprécier. Puis il me promit qu'il en prendrait un grand nombre de volumes afin d'en faire hommage à ses amis, je reconnus dans cette noble pensée son bon cœur.

Comme j'ai toujours aimé à donner des conseils salutaires, je lui observai sérieusement que pour sa santé, il serait très-urgent et utile qu'il changeât de suite de rue, parce que j'avais remarqué que celle qu'il habitait, était très-étroite et presque privée d'air, que le peu qu'elle renfermait restant stationnaire se gâtait et était difficile à renouveler ; enfin que le choléra qui immolait tant de victimes pouvait y rester plus longtemps que dans des rues larges près des grandes places. Cependant je vis avec peine et inquiétude qu'il se reposait sur son excellente santé ! Mais l'homme propose et Dieu dispose.

Toute la vie n'est qu'une variété de plaisirs et de chagrins !

Je le quittai plein de l'espoir de le revoir ;

mais, hélas! j'étais loin de pressentir que cette belle âme me faisait un adieu éternel ; car trois jours après notre entrevue, j'appris avec la plus vive douleur, que la France, sa famille chérie, ses nombreux amis et la ville d'Elbeuf venaient, hélas ! de le perdre. Je désirerais adresser à M. Grandin des louanges autant qu'il le méritait et en harmonie avec ses talents, ses vertus, car il m'est permis de dire qu'il marcha sur les nobles traces de son honorable famille, qui prit une si grande part à l'accroissement de la florissante ville d'Elbeuf. On sait qu'il expédia ses riches produits jusque dans les quatre parties du monde !

Enfin les actes de bienfaisance de M. Grandin sont l'honneur de l'humanité ; il réunissait les plus précieuses qualités. Uni par les nœuds les plus sacrés de l'amour et de l'amitié à une épouse noble de cœur qu'il adorait et qui le méritait ; leurs affections réciproques, leur douceur, leur tendresse firent leur bonheur qui fut hélas anéanti pour tous deux, car cette respectable dame après mille douleurs, mille angoisses, mille regrets de la perte de son mari, de son bonheur, expira peu de mois après.

M. Grandin fut bon père, bon époux et sincère ami. Il fut passionné pour la gloire et la prospérité de notre belle patrie. La droiture de son cœur, la sagesse de ses conseils qu'il donnait avec la prudence des vieillards et la majesté des princes, puis, son éloquence qu'il consacra avec tant d'ardeur au bien public lui attirèrent l'estime générale et l'amitié de grand nombre de personnages vénérables parmi lesquels il m'est juste de citer l'humain et respectable M. Félix Defontenay, de Louviers, dont j'ai fait l'éloge dans le volume de mes mémoires, il hérita des nobles sentiments de M. Defontenay, son oncle, ancien sénateur et dont la ville de Rouen reconnaissante, chérira toujours les bienfaits et la mémoire.

Lorsque j'étais avec M. Grandin, il me surprenait et me persuadait par la solidité de ses raisons que je trouvais très-justes et remplies de pensées sublimes et humanitaires.

C'étaient ses suprêmes pensées qui venaient dominer son excellent cœur, qui n'allait à la gloire que par la vertu, parce qu'il ne voyait de bonheur que dans celui de ses semblables qu'il avait si bien aimés. Je sais par moi-même que ce que l'homme sensible aime, il éprouve un ravissement extrême, même un bonheur suprême de pouvoir toujours le voir et s'en entretenir. Douces et délicieuses pensées ! vous nous comblez d'une ineffable félicité ! Elles sont une consolation à nos infortunes.

J'ai l'agréable souvenir que dans nos entrevues, je remarquais avec satisfaction qu'il aimait à donner avec modestie l'exemple des vertus les plus parfaites. Il employait un langage si rempli de noblesse que je croyais encore être avec l'illustre Châteaubriand, qui était charmé comme M. Grandin de faire chérir l'innocence, la pureté du cœur, la justice, le travail, la modération et la prudence ; il aimait à faire oublier les injures, à mettre par la douceur les personnes rebelles dans les belles voies de la sagesse et de l'honneur ; puis d'avoir de la patience dans l'adversité. Il chérissait la probité, sa patrie et le bon ordre ; car le bon ordre des sociétés est la base fondamentale des vertus chrétiennes et humaines ; il respectait tout ce qui était le plus sacré : Dieu, la vertu, la religion, il n'y a rien de plus grand, car ils nous rendent respectables. Ils nous procurent les délicieux bienfaits de la paix ; ils furent et seront toujours l'heureuse cause du bonheur des peuples. Enfin il respectait les propriétés et encourageait à la grandeur d'âme. Un jour je lui dis que je serais charmé et heureux qu'on fît un traité de paix perpétuelle pour le bonheur des États. A ces mots, un éclair de bonheur vint rayonner sur son noble front, il m'approuva fortement, surtout après que je lui eus fait un discours sur la paix que j'ai reproduit dans le volume de mes mémoires. Puis il me serra la main dans le silence, mais ses beaux yeux, si éloquents et en larmes, m'expliquèrent toutes les douces émotions, toutes les sublimes pensées qui venaient agiter, dominer son noble cœur ; moments heureux pour nous deux et qui disparurent rapidement ! Cependant ils nous en laissèrent le délicieux souvenir.

Les nobles principes de l'homme sage et vertueux, il les proclama partout et spécialement à la tribune, où ses honorables collègues l'entendaient avec admiration ; ils avaient pour son rare mérite la plus grande vénération, et pour lui la plus sincère affection, il entrait dans les plus petits détails sur ses voyages. L'aspect des pays qu'il avait parcourus lui fit éprouver mille délicieuses sensations, mille ravissantes jouissances, et lui parut le plus beau spectacle qui pût frapper les yeux des hommes. Il me parla des grands princes et des hommes illustres et sages avec une connaissance rare de l'histoire, car l'éducation jette dans le cœur une tradition naturelle de vertu. Puis sur mer il éprouva des moments heureux dignes des dieux ; il observa nuit et jour les astres lumineux, puis la grande voûte du firmament couverte de soleils et d'étoiles, et qui n'est que l'immense toile qui cache les cieux, si beaux, si merveilleux, comme le dehors d'un temple annonce que l'intérieur est bien plus sacré, semblable à la toile d'un théâtre qui cache mille magnificences. Enfin pareille à la douce pudeur d'une jeune personne qui indique la beauté, l'innocence de son cœur. Je sortais enchanté de ces détails. Je m'attachai tant à M. Grandin, que souvent je le défendais victorieusement lorsque de mauvais cœurs jaloux de sa gloire, voulaient devant moi l'attaquer par des paroles inconvenantes. Je remarquai avec plaisir qu'on applaudissait à mon dévouement pour lui.

L'histoire nous fait voir que des hommes remplis de génie, comme M. Grandin, furent par jalousie persécutés, calomniés, puis tournés en ridicule, parce que le ridicule est l'unique ressource des esprits faibles et méchants contre tout ce qui porte le caractère de la grandeur et de la force. N'a-t-on pas vu avec douleur mon illustre parent, M. De Juigné, duc de St-Cloud, archevêque de Paris, être impitoyablement lapidé après avoir donné aux pauvres plusieurs millions, puis dire à ses assaillants avec cette douceur qu'on lui connaissait ; « Je serais heureux de pouvoir convertir en or et en pain les pierres que vous me lancez. » Il est juste de dire que pour récompenser les vertus de M. De Juigné, Napoléon lui fit don de quinze mille francs de rente viagère, qu'il consacra aux pauvres. N'a-t-on pas su que Caton et autres grands hommes, qui furent les modèles des vertus les plus pures, être traités de fous, parce qu'ils ne voulurent jamais salir leurs belles âmes des crimes de leurs calomniateurs. Cependant il y a des hommes qui deviennent fous par le malheur, ce sont les plus infortunés, puis d'autres fous et farceurs, qui amusent le genre humain par leur belle humeur, leur air gai et badin et leurs bons mots, ceux-là sont loin d'être sots, on en voit parmi ceux qui les écoutent qui sont plus niais qu'eux. D'autres sont fous d'honneurs, de gloire et de guerre, ce sont les moins raisonnables ; mais on en remarque avec plaisir qui sont fous des lumières, des beaux-arts, de l'agriculture, du commerce et de la paix ; ceux-ci sont humains, je les aime parce qu'ils ont la plus belle folie. Il y en a qui deviennent fous de fierté, de fatuité, d'orgueil et de bel esprit ; on en rit. Cependant l'insolence et la hauteur sont le partage des méchants qui ont un lourd bandeau sur les yeux et le cerveau qui les rend stupides ; il faut les plaindre et les engager d'être aimables pour leur bonheur et celui de ceux qui les entourent ; car l'affabilité est la fille de l'humanité, elle naît de la douceur du cœur, et c'est être faible et timide que d'être inaccessible et fier ; enfin ayons cette fierté synonime de grandeur d'àme. Bon nombre sont fous de noblesse, il serait à désirer que ce soit celle du cœur. D'autres sont fous fanatisés des richesses et d'avarice ; ils seraient excusables si au moment de leur trépas ils pouvaient acheter de la vie avec leur or. On voit souvent avec douleur que le préjugé de l'or déprave les meilleurs cœurs et fait malheureusement taire la nature.

Un jeune homme demande-t-il en mariage une demoiselle riche, on le refuse en le traitant de fou, plus tard hérite-t-il d'un million, il est beau comme Adonis et Alcibiade, et a de l'esprit comme Cicéron. (Voir le volume de mes mémoires.)

A la ménagerie du jardin des plantes, à Paris, un riche maniaque donna devant moi en riant à un singe, une pièce de 5 fr. qu'il prit comme sucre, la sentit et fit en rechignant pouah! et la jetta en grinçant, à la tête d'un riche avare qui la ramassa avec une joie folle, aussitôt les petits oiseaux se mirent à chanter, mais un rusé perroquet qui se trouvait près de là, dit sérieusement à cet avare: pauvre fou que veux-tu faire avec ce vil caillou rond et blanc comme neige et fer-blanc, il ne vaut ni le pain, ni le millet, ni le gâteau blanc? Un petit renard lui répondit finement: oiseau au beau plumage qui te dresse fièrement dans ta cage, ce petit objet blanc sert à nos maîtres les ingénieux humains, rois de la terre, pour organiser leurs belles sociétés, bâtir des villes, des navires, et acheter de la soie et du drap pour se vêtir. Ce petit objet blanc qu'ils nomment argent, comme le jaune qu'ils nomment or, ils leur ont donné de la valeur parce qu'ils sont rares; ils font avec des échanges de biens, marchandises; puis des armes, mais celles que nous redoutons le plus ce sont leurs fusils et canons qui imitent le bruit du tonnerre, qui effrayèrent les infortunés Péruviens; ils leur servent à la guerre pour remporter des *victoires* qui font couler le précieux sang de milliers d'*innocents!!!*

Leurs écus leur servent aussi pour faire du bien aux malheureux humains. Ils ont tant de génie qu'ils ont inventé des chefs-d'œuvre, puis ils ont découvert ce feu bienfaisant que nous craignons tant, ce feu qui purifie l'air et chasse la peste; ce feu qui réchauffe leurs malades et les voyageurs; ce feu qui leur fait rôtir gigots, faisans, ortolans d'Orléans et du Mans; ce feu d'artifice et de joie, en réjouissance de leurs exploits, par ceux des huissiers qui font trembler les débiteurs. Et nous, pauvres animaux pour avoir nos chairs, nos os et nos peaux ils nous tuent à la chasse, riant sans pitié et sans faire de grimaces, comme Pancrace et Ignace.

Voyez ce riche fou, qui vient de ramasser cette pièce ronde, il va comme Cristophe-Colomb, faire le tour du monde, puis aller en Californie chercher de l'or pour augmenter celui qui est dans son grand bahu vermoulu, rempli encore d'or qu'il nomme son trésor, son dieu; cependant comme d'autres il mourra de faim, prosterné dessus comme Crésus au milieu de l'opulence et de l'abondance; ceci est une insigne folie dont ses héritiers riront à gorge déployée. Enfin ce petit renard fit fuir cet avare qui regagna sa maison le cœur rempli de guignon, promettant de se mettre à la raison et de faire un acte de contrition devant St-Lézin, St-Richard, St-Prosper et St-Bonaventure.

D'autres sont fous d'excès de boire et de plaisirs; car les excès sont en tout nuisibles. Ceux-ci ont des chimères; ce ne sont pas les plus sages.

On en connaît avec la plus vive douleur, qui sont tellement dépravés par la haine et si dangereux, qu'ils sont loin de nous souhaiter les cieux, si beaux, si merveilleux. Ces méchants sont doués de ce génie de finesses perfides, nous désirent l'enfer où on les croirait nés, ses feu, Lucifer, ses fouets, ses serpents, ses fantômes noirs et blancs, ses revenants, leurs tourments, leurs furies, leurs grincements de dents, leur rage, leurs frénésies et jalousies; leurs calomnies qui ruinent tout par où elles passent, semblables à ces affreux ouragants qui lancent avec la rapidité de l'éclair, la dévastation et la mort dans les contrées qu'ils parcourent. Pêcheurs en eau trouble, décriant la vertu pour excuser leurs vices, agent de discordes, de divisions, de dissensions, n'aimant ni le calme, ni la concorde, ni le bon ordre, détestant tout ce qui est bien; déchaînant contre les honnêtes gens toutes les mauvaises passions, les poursuivant partout, ignorant la franche et honnête gaité, vrais fléaux de l'humanité; traitant de fou ceux qui sont sensibles, honnêtes et remplis de génie.

Cependant ils devraient savoir que Dieu protége ceux qui font le bien. On admire avec un délicieux plaisir d'autres qui sont fous, passionnés amoureux, aspirent, désirent avec ardeur, soupirent, et font de belles et bonnes actions, hommes remplis d'humanité, comme MM. D'Aligre et De Juigné, les plus riches de France, qui donnèrent leur fortune aux pauvres; ceux-là sont loin d'être fous, car ils sont très-grands, je les aime comme mes amis et le divin Châteaubriand, enfin comme je respecte ma douce amie, bien réel et suprême que je chéris à la folie; cette folie est la plus jolie!

Ainsi que je le disais à M. Grandin, qui connaissait mes malheurs, j'étais loin de croire, n'ayant jamais fait de mal, ni de tort à personne, que j'éprouverais une destinée semblable à celle du divin Caton et de M. De Juigné; mais comme je chéris la franchise, des hommes perfides en profitèrent pour obtenir de moi, par des démonstrations de fausses amitiés, des secrets. Je les voyais, j'hésitais; je les craignais, je tremblais; je frémissais, cependant je me livrais, parce que je ne pensais pas qu'ils voulaient ma perte. M. Grandin me dit qu'il avait été comme moi victime de sa naïveté. La vie de l'homme est semblable au temps, aujourd'hui il est magnifique et brillant, et demain il est surchargé de nuages et d'orages.

Pareils à ces vaisseaux qui sont agités et battus par la tempête.

En voici un seul exemple ; il n'y a pas de famille qui ait éprouvé sur le trône plus de malheurs que les Stuarts, ils furent accablés pendant plusieurs siècles de mille calamités. (Voir le volume de mes mémoires.) Enfin l'adversité est le partage des gens de bien. Pour vous donner une preuve du bon cœur de M. Grandin, il entendit un jour un homme qui me calomniait et me ridiculisait, un sentiment d'indignation s'empara soudain de sa belle âme ; comme il me connaissait à fond, il prit ma défense avec ardeur, on se figurait voir le grand orateur qui défendit Socrate, l'honneur de la Grèce, le premier sage du monde, devant l'Aréopage, par sa puissante et mâle éloquence. Tout le monde, écoutant M. Grandin, resta dans le silence et l'admiration.

Hélas ! dans l'intérêt de notre belle France, pourquoi nous a-t-il été ravi si jeune encore ? Bon Victor, de même qu'une belle fleur qui vient d'éclore, qui brille de son éclat au lever de l'aurore, que le soleil dore et qui périt avant que le jour cesse de clore. Pareil à cette jeune beauté qui fit, par les belles qualités de l'esprit et du cœur, l'ornement et les délices des sociétés, et qui meurt en languenr ! Il m'est agréable de parler de cette manière pleine d'urbanité et d'affabilité envers ses correspondants, elle est naturellement née dans le cœur des actifs fabricants d'Elbeuf. C'est comme une bonne terre qui rapporte au centuple.

Deuxième Partie.

J'ai donné dans le volume de mes mémoires une longue description de Tours et de Louviers ; il m'est bien juste de faire ici celle d'Elbeuf, dont j'avais dès mon jeune âge présagé la prospérité, et, où depuis j'ai résidé quinze ans.

L'admirateur des beautés de la nature a dû remarquer avec un plaisir délirant, dans un moment de beau temps, que la ville d'Elbeuf est située dans une des plus belles situations de France. Les ingénieux Romains y firent construire des monuments sous les fondations desquels on a dernièrement trouvé, (côte St-Haut), des médailles et antiquités romaines. Après eux, les princes français considérèrent cette situation comme un paradis terrestre anticipé : ils y établirent donc leur résidence ; ils surent parfaitement apprécier ce que Dieu créa de plus beau sur cette terre. On est fondé à croire qu'Elbeuf, sous les Romains, fut une grande ville, qui s'étendait comme à présent et tout nouvellement jusqu'à Caudebec. Mais les guerres anciennes, vrais fléaux de l'humanité, auront tout culbuté, enfoui, anéanti !

Les riants et magnifiques côteaux qui entourent Elbeuf, forment un immense cercle de six myriamètres ronds comme le soleil, aussi on eût dû naturellement nommer cette cité, la ville du soleil, d'autant plus qu'il y a en France d'autres communes qui portent le nom d'Elbeuf. On voit en outre la Seine qui forme un demi-cercle de trois myriamètres, puis serpente au pied des côteaux, coule avec grâce en dix endroits et remplie d'îles comme enchantées.

Des hauteurs qui dominent Saint Aubin-lès-Elbeuf on contemple avec ravissement et en souriant de magnifiques champs dorés et verts nés avec l'univers et du siècle d'or, respirant l'aimable et douce innocence. Puis d'agréables bosquets, labyrinthes et de ravissantes prairies, (où j'allais promener mes douces rêveries, éteindre mes chagrins) ; prairies émaillées de fleurs, de suaves odeurs ; de jolis vergers, charmants jardins, beaux châteaux de Saint Aubin, d'Elbeuf, de Criquebeuf, Javal, Martot, Cléon, Tourville, Oissel, Saint Pierre; Liéroult, Orival, et dans le lointain, Pont-de-l'Arche et la belle et historique côte des deux amants, dont j'ai parlé dans le volume de mes mémoires. Enfin des hauteurs de Caudebec on aperçoit la magnifique église de Bon-Secours, près Rouen.

Lieux ravissants où l'on aperçoit des merveilles mises çà et là à profusion, et qui pourraient bien être la demeure des dieux.

Jules-César, Napoléon, Coligny, Sully, Turenne, Voltaire et infinité de grands hommes, dont la mémoire est chère aux bons Français, furent enchantés de les visiter. Cette contrée est d'autant plus avantageuse qu'elle est grande et spacieuse, aussi l'air y circule grandement et chasse de suite les orages qui se forment de nuages, puis de la vapeur et de l'ardeur du soleil qui est plus forte particulièrement dans les vallées serrées, où la chaleur est étouffante, où l'air ne circule que difficilement, où les nuages épais s'amoncèlent entre les côtes d'une manière effrayante et restent stationnaires, se croisent par la violence des vents contraires, se compriment, se battent comme des guerriers avec leurs canons, et forment ces terribles orages et ouragans qui tourbillonnent, se déchirent, éclatent, se précipitent et finissent par se dilater et s'éloigner, mais difficilement après avoir causé des dégâts considérables. On en a eu une malheureuse preuve le 19 août 1845, dans l'affreux ouragan de Monville et de Malaunay, villages qui se trouvent dans un vallon étroit. Enfin l'immense clocher de Notre-Dame de Louviers fut culbuté par un ouragan. On sait que Louviers est également situé entre deux côtes. Ce clocher n'a point été réédifié.

Enfin sur l'emplacement du vaste domaine, où étaient autrefois de grands vergers remplis d'arbres fruitiers, où bondissaient des troupeaux d'agneaux, on voyait de mystérieux bocages, de ravissants jardins anglais, puis de hauts peupliers, géants aussi élevés que les pyramides d'Égypte et que le dôme doré des Invalides où repose le grand Napoléon, puis le Panthéon où sont déposés de grands hommes, à côté de ces peupliers, d'humbles saules pleureurs qui se prosternaient devant eux comme l'homme religieux devant la majesté de Dieu; comme l'homme de loi devant la justice; comme le pauvre suppliant se courbe respectueusement devant un riche financier; comme un riche avare devant son or qu'il adore encore mieux que sa femme, sa fille et ses ayeux, mieux que la prunelle de ses yeux, mieux que sa vie et la mort qui les éteindra.

Les branches de ces saules tombaient dans les ruisseaux, comme le voyageur échauffé se désaltérant au bord d'une fontaine. Puis on admirait mille délicieuses fleurs destinées pour les dieux et qui embaumaient le majestueux et somptueux palais des superbes princes de Lorraine, ducs d'Elbeuf. Odeurs qui montaient jusqu'aux cieux, fleurs qui paraissaient dire aux vertueuses dames, avec cette douce éloquence du cœur : admirez divines et incomparables beautés, comme nous vous ornons, embaumons dans toutes les saisons. De plus les aimables populations reçoivent nos hommages les jours de fêtes, on nous place sur les saints autels, dans les églises, dans les salons ; enfin, mesdames, nous répandons des masses de parfums sur vos charmes, sur vos grâces, vous le méritez bien, car nous admirons avec un délicieux et doux plaisir que vous portez vos soins délicats, mille attentions et comblez de millions de caresses, de baisers vos gentils et tout petits enfants. Nous sommes heureux de voir que vous leur donnez cette excellente éducation qui conduit à l'amour de Dieu, à l'honneur, à la vertu, à l'innocence, à l'affabilité, enfin au bonheur.

Aussi lorsqu'on vous admire on croit voir la terre s'éclipser et le ciel s'ouvrir !

Lieux remplis de magnificence, qui jouissaient de ce doux et sublime silence, si rempli même débordé de torrents d'éloquence, où Dieu présidait et qui présageait les futures et heureuses destinées d'Elbeuf, son opulence, sa puissance !

Domaine jadis enchanté, où l'on entendait avec un ravissant plaisir, d'abord dedans et dehors la gentille église de Saint-Étienne, le timbre d'or et sonore des mélodieuses, douces et saintes voix des charmantes et adorées princesses Louise, Laure et Éléonore, qui chantaient les louanges et les bienfaits de Dieu, créateur de ce bel univers, et qu'accompagnaient les merveilleuses voix des princes, puis des chantres des églises de Rouen, Louviers et d'Elbeuf, puis du brillant orgue, du cor, du haut-bois, de la musette, du chalumeau et cette tendre lyre qui charma le roi David et la belle duchesse de La Hire, qui jetaient pour Dieu de si doux soupirs, enfin on entendait cette douce flûte qui enchanta les syrènes.

Ces divins accords se répétaient aux mille échos d'alentour, surtout au déclin du jour, et joints au beau son de la brillante clochette d'or de la jolie chapelle du château qu'on nommait Georges-d'Amboise-Cécile-Eugénie-Nabuchodonosor, puis augmentés de l'agréable gazouillement de millions d'oiseaux, puis au doux et flatteur murmure des ruisseaux et des fontaines, puis au chant naïf des gentils bergers et des séduisantes bergères qui jouaient de la harpe à ravir les dieux, tout réuni formait une si divine harmonie qu'on l'eût cru venir du paradis, elle excitait dans l'âme un charme séducteur et inexprimable et faisait applaudir des milliers de spectateurs, enfin les faisait jouir du plaisir de la vie ; plaisirs doux et ravissants, toujours purs aux cœurs tendres, ils nous font goûter le suprême bonheur. De leur côté les rossignols au doux ramage, sous l'ombrage des feuillages, des verts bocages, après avoir sauté, voltigé et bondi de joie, s'écriaient étonnés: Ah! mon Dieu! quelles belles voix, elles s'élèvent aux cieux, quelles célestes symphonies, elles s'unissaient aux doux zéphirs qui soufflent légèrement et nous transportent à ravir de plaisir, elles fortifient, charment et embellissent les douceurs de la vie. On admirait avec allégresse, leurs petites têtes se tourner pour écouter ces divins concerts; puis ils secouaient doucement leurs petites ailes, leurs émaillés plumages; on voyait avec joie leurs petits cœurs, leurs petits flancs s'agiter, soupirer, battre, palpiter de plaisir. Mon grand père et ma grand'-mère Le Ménestrel, me racontèrent ces merveilles avec attendrissement et me disaient qu'en les entendant ils renaissaient à la santé!

Lieux délicieux où jadis tous les ans de jeunes, aimables, sages et admirables rosières des villages, au beau visage, au ravissant corsage, au doux et merveilleux langage de la voix et des yeux, remplies de candeur, de douce pudeur, possédant la pureté, l'innocence et la vertu en partage, étaient par les princesses couronnées de lys, de myrtes, de roses et de belles et nobles pensées.

Enfin, on voyait autour de ce domaine de vigoureux chasseurs qui couraient après la fortune, d'autres qui l'attendaient dans leur lit et soupiraient après la Californie. Non, non, cher lecteur, ils couraient après cette jolie toison d'or; non, mais après une infinité de lièvres, d'écureuils, bouvreuils, chevreuils, et sur de doux cerfs qu'ils harassaient de fatigue et de chaleur et qui soupiraient, lamentaient, pleuraient, cherchaient éperdus des sources d'eau pour se désaltérer ; ces bons cerfs craignaient les chasseurs, leur poudre et leur plomb, qui ne sentaient ni la rose, ni le jambon, puis ils tiraient sur de douces colombes, que Noé aimait tant, et sur de jeunes et intéressants petits Loulous, semblables à celui de Saint Germain-en-Laye, dont j'ai parlé dans mes mémoires et que M. Magloire-Réjouit du Beaujour aime tant, ainsi que de Divinor de Rondor dont on parle dans les quatre parties du monde. (Voir le volume de mes mémoires). Puis ils tiraient sur de toutes petites chèvres, car tout ce qui est petit est gentil, et rien n'est si beau que ce qui est grand ! Aussi la jeune et belle princesse Louise qui soignait ses jolis serins dans le pavillon près des bocages, suppliait les chasseurs de ne point tuer les petites chèvres, parce que monseigneur le duc les aimait autant que des anges, des agneaux et des ortolans, qui sont si exquis et si doux, elle les priait de ne pas être méchants ; enfin qu'ils seraient bien aimables s'ils daignaient épargner ces innocents, qu'il fallait toujours être affables, que la *douceur* gagne les cœurs, en voici un singulier exemple : je rencontrai dans le bois de Boulogne une gentille petite chèvre blanche comme neige, elle suivait deux dames qui l'avaient apprivoisée par la *douceur*, je leur en fis mon compliment et leur dis : cette jolie petite chèvre est ravissante de beauté ; elles la nommaient tantôt *Loulou*, tantôt petite chérie *Dulcinée-France-Grandcœur*, à ces noms elle répondait à merveille ; elle est si instruite, si polie, qu'en me quittant elle m'a fait une gracieuse révérence, puis de la tête elle m'a fait un gentil salut ; il semblait qu'on lisait dans ses fins yeux, bonsoir mon ami Le Roy, au plaisir de te revoir, elle jeta deux petits cris où l'on croyait distinguer Paris et Saint-Omer ; mais la plus âgée des dames la fit taire, j'en fus ému parce que j'aime à voir et entendre ce qui est merveilleux. En admettant le système de la métempsicose, cette gentille petite chèvre aurait bien pu être, il y a quelque mille ans, une jeune personne héroïque comme Jeanne d'Arc, comme elle très-célèbre. (Voir le volume de mes mémoires.) Je serais enchanté d'en posséder une semblable. Tout ce qui est merveilleux plaît. J'aurais infinité de choses à dire sur tout ce qui plaît, mais je m'écarterais de mon sujet : deux mots seulement, ce qui me plairait infiniment, ce serait de voir les méchants et hautains devenir dans tout justes, doux et excellents comme les sept sages de la Grèce, et beaux comme toutes les merveilles de la terre : cette métamorphose serait charmante.

On contemple à présent sur l'emplacement de ce domaine, tout ce qu'il y a de plus intéressant, ce changement est au profit de ses laborieux habitants.

On voit le riche Elbeuf, qui n'était naguère qu'un petit bourg, être à présent une grande ville ayant trois cents magnifiques fabriques, celles de M. Victor Grandin sont les plus belles et les plus vastes. Leurs hautes cheminées-colonnes, hautes et rondes comme la glorieuse colonne Vendôme, où sont inscrites sur le bronze mille victoires des braves Français. Puis ses belles rues, ses places, la plus grande est la verte place d'armes entourée d'une double rangée de marronniers, de charmants pavillons et jardins, au bout la Seine qui porte la joie et l'abondance, un peu plus loin le pont en fil de fer ; les trois églises, Saint-Jean, Saint-Étienne et Caudebec. Ses précieuses fontaines, réservoirs d'eau. Eau qui embellit la beauté, et la rend avec l'honnêteté, admirable comme la divinité. Eau divine, par le baptême elle fait de notre cœur l'innocence, la pureté, puis un temple sacré. L'eau arrose les précieuses terres que l'infatigable laboureur enrichit, fructifie de ses sueurs. L'eau éteint les incendies, l'eau nous procure des bains salutaires comme l'air.

Ici je m'arrête, car je vois un grand sujet de méditations, c'est le cimetière chargé de monuments qui attestent notre gloire et notre néant; où reposent des amis puis le célèbre Victor Grandin, que je vis naguère si radieux.

Cimetière situé sur le penchant de verts, riants et beaux côteaux, planté de peupliers et d'arbrisseaux dont les racines vont prendre vie dans les tombeaux, sur les chairs et les os, lieu d'éternel repos où finissent à tout âge, notre gaîté, notre tristesse, nos plaisirs, nos biens et nos maux; où la beauté, la fierté et l'orgueil vont dans le cercueil, puis la laideur, le calomniateur, la douceur; mais le génie et la grandeur restent immortels pour donner de bons exemples, puis la misère sont tous confondus dans la terre avec les vers et réduits en poussière ; où les saintes âmes montent aux cieux !

Au lieu d'une adorable princesse, d'une belle duchesse, d'une ravissante comtesse, d'une souriante et heureuse vicomtesse qui enchantèrent par leur grâce, leur joie, leur sérénité et leur affabilité, les excellents habitants d'Elbeuf, enfin, en remplacement d'un illustre duc bienfaiteur de l'humanité, on admire maintenant trois cents honorables fabricants de draps, l'honneur et la gloire de la nouvelle ville du soleil, qui ont gagné leur fortune à la sueur de leur noble front, malgré les immenses obstacles qu'ils rencontrèrent et dont ils triomphèrent par des moyens équitables, ingénieux et estimables ; puis on admire avec un délice inexprimable, trois cents dames respectables faisant le plus bel ornement de la ville ; mais ce qui est encore plus précieux et merveilleux, c'est qu'elles sont remplies de charité pour les infortunés ; elles comblent de bonheur leurs bien-aimés époux et leurs familles, et savent si bien faire chérir, embellir l'existence qu'on dirait vraiment qu'au ciel elles prirent naissance ; elles honorent et charment, comme toutes les vertueuses Françaises, les sociétés par leur beauté, leur douce pudeur, leur candeur, leur esprit, enfin elles ont toutes les perfections en partage, et brillent dans les réunions comme le soleil au milieu des astres qu'il éclipse !

Ville heureuse qui occupe des milliers de braves et honnêtes ouvriers à Elbeuf, à Louviers, Rouen, Caudebec et dans vingt autres villes et communes !

Ville glorieuse qui donna et honora la France de héros qui gagnèrent des batailles, puis nous procurèrent cette douce et bienfaisante paix qui nous fait jouir des douceurs du repos, puis fait cesser nos maux et assure notre félicité.

Ville de bonheur, où une infinité d'âmes humbles, pures et saintes éprises des beautés de la grandeur de Dieu, qui leur apporte du ciel ce divin feu de charité qui fait vibrer le cœur des illustres Français, ce feu sacré qui rend Elbeuf comme un paradis. Belles âmes, esprits célestes, vous chérissez Dieu, les vertus chrétiennes et humaines, vos ferventes prières font les délices de son cœur adorable, comme l'innocence fait le bonheur de votre vie. Enfin ce Dieu bienfaisant considère cette ville comme un des beaux trônes de sa gloire, aussi ses suprêmes et éternelles lois contribuent à votre félicité ; il nous fait voir que tout sur cette terre, disparaît comme l'éclair pour nous faire jouir à l'avenir des immenses et éternelles beautés du ciel, où on n'entre pas avec de l'or mais bien avec de l'honneur et de la *sainteté*.

Tout est facile aux saintes âmes pour être agréables au tout-puissant, car lorsque j'étais de garde avec M. Grandin, dès cinq heures du matin nous admirions avec bonheur une grande quantité de belles âmes riches et pauvres, qui allaient au son des cloches et avec recueillement dans le temple du Seigneur, se prosterner avec le plus grand respect aux pieds des saints autels, et adressaient à Dieu leurs ferventes prières pour leur bonheur et celui du prochain. Elles étaient bien pénétrées que la religion assure la vertu et les fait naître pour le ciel, et est une source de bénédictions pour les fidèles.

En récompense cette ville jouit de l'abondance, de la paix, de la joie et de l'innocence. Heureux ceux qui consacrent de si nobles principes ; Dieu les favorise. Ames fidèles vos prières sont les plus précieux présents que vous puissiez lui faire.

Ville privilégiée, qui fait un des plus beaux ornements de notre belle France! source d'abondance ! ville du soleil ! précieux et délicieux séjour des intéressants enfants de l'industrie! où le travail père du plaisir procure mille douceurs, puis vivifie et donne un précieux et délicieux baume à la vie. Comme je l'ai déjà dit dans le volume de mes mémoires, c'est du luxe qui est l'âme de l'industrie, l'élégance des nations, la jouissance du riche, le plaisir et la joie du pauvre ; c'est aussi de votre amabilité, de votre amour pour Dieu, intéressants Elbeuviens, que sont nées votre prospérité et votre félicité ! ! ! Elbeuf, où tous les arts sont chéris, honorés, où le savant reçoit toujours la récompense qu'il mérite. Ne voit-on pas la place Le Mercier, ainsi appelée pour immortaliser le héros qui portait ce nom.

J'ai appris avec plaisir que cette ville comprenant sa grandeur, va faire élever un monument en l'honneur de M. Victor Grandin ; je ne désespère pas que la rue et la place du bassin, soient nommées à l'avenir rue et place Victor Grandin, car il fut né et sa famille dans ce quartier, ce monument y serait donc bien placé. Du reste l'autorité jugera dans sa sagesse ce qu'elle doit arrêter.

Ville du soleil où les vieillards, dignes émules de l'industrie, sont vénérés, où le calomniateur qui salit tout ce qu'il y a de plus blanc, est un objet d'horreur.

Où l'honneur est un culte sacré qu'on adore comme partout et comme Dieu.

Où le beau sèxe est respecté, admiré. Où l'amitié et l'union règnent dans tous les cœurs, elles sont des plaisirs purs, des dons, des trésors divins, merveilleux que nous firent les dieux; elles seront toujours naïves, riantes, leurs yeux ont une douceur exquise qui parle au cœur et sont la terreur des méchants.

J'ai eu d'excellentes preuves de cette tendre amitié, aimables Elbeuviens ! daignez en recevoir mon remerciment, ma reconnaissance sera éternelle comme mon souvenir; car mon âme est toute de feu pour l'amitié, comme elle sait pardonner à mes adversaires, je le sais, ils ne sont pas des Dieux. (Voir le volume de mes mémoires.)

Elbeuf, où le scientifique fabricant confectionne ces jolis draps, précieux et ravissants mélanges qui viennent par leur vivacité briller de milliers d'éclats merveilleux, semblables à ce beau soleil vivificateur de la nature entière qui fait briller, réfléter sur les flots argentés de cette belle Seine, infinité de jolis diamants, perles et étincelles.

Enfin ces draps par lenr extrême beauté, leur soyeux, leur douceur, attirent à chaque instant à Elbeuf infinité d'acheteurs. Semblable à cette immense foire de Beaucaire, on y voit des négociants de toutes les parties du monde.

Napoléon, ce grand génie qui sut tout apprécier, eût bien raison de donner une ruche pour armes à cette miraculeuse ville, car tout le monde y travaille comme des abeilles, à merveille, dès le lever de l'aurore jusqu'au coucher du soleil, la nuit encore. Bel exemple à suivre !

On voit dans la ville du soleil, des fourmillières de monde, on se croit à Paris, dans la rue Saint Honoré, enfin tous les jours les bateaux amènent à Elbeuf infinité de personnes de la ville de Rouen, soit pour leurs affaires, soit pour se promener.

On a reconnu, M. Grandin, les grands soins que vous avez mis pendant quarante ans à contribuer à donner le plus grand lustre à cette ville illustre !

Je ne parlerai pas de tout le bien qu'il fit aux malheureux, qu'il a soulagés et employés, des heureux qu'il a faits ; j'aurais une bien longue tâche à remplir : elle demanderait des détails immenses.

On sait que les premiers et plus tristes écueils de l'innoeence, sont les passions et les plaisirs ; ces funestes penchants salissent tout le cours de la vie des jeunes personnes que l'on flatte pour perdre leur vertu, ce sont les premiers traits empoisonnés qui blessent leur cœur et font disparaître leur santé, leur fraîcheur, leur beauté, (voir le volume de mes mémoires), ce sont d'eux d'où résultent tous leurs vices. Aussi, pour éviter ces malheurs, un avenir déplorable et de cuisants regrets, elles doivent suivre de sages conseils. Puis il est urgent de leur donner comme aux jeunes personnes bien élevées, de saints et respectables exemples, afin de conserver leur innocence, assurer et perpétuer leur félicité. Aussi j'ai vu avec la plus vive satisfaction que M. Grandin, protecteur de la vertu, fit placer de jeunes personnes dans de respectables et inviolables maisons d'asile afin de les garantir de la séduction et du déshonneur.

Lieux saints, où on leur inspire la pratique des vertus qui assurent une récompense éternelle! Jeunes vierges, pères de famille, pleurez votre auguste bienfaiteur!

J'aime à croire qu'assise près du trône de Dieu, sa belle âme sera émue de leur juste reconnaissance; fasse qu'elle soit durable, même immortelle comme sa mémoire, vos prières pour lui seront une bien précieuse récompense; du haut du ciel il vous en bénira.

M. Grandin dit un jour en ma présence à un jeune dissipateur, que s'il voulait jouir du vrai bonheur, du doux plaisir, de la paix du cœur, il fallait qu'il étouffât le feu de ses passions, qu'il y avait des abimes tout près qui causaient plus de supplices que de délices, enfin qu'il devait suivre le beau sentier de la vertu. Ce jeune homme a heureusement profité de ces sages conseils et est à présent en pleine prospérité.

Je le répète, je regrette comme tout le monde que Dieu n'ait pas prolongé de quarante ans de plus, la vie de M. Grandin qui fut si précieuse, car les gens de bien sont toujours la source du bonheur et la prospérité de la patrie.

D'agréables pensées doivent venir consoler son aimable fils aîné et ses quatre jeunes enfants. C'est que leur père avait une véritable grandeur d'âme; pour mon compte, j'en ai eu une preuve signalée et consolante: j'étais un infortuné, persécuté, opprimé et calomnié, il a daigné prendre avec ardeur ma défense; il trouvait donc plus de contentement à faire dn bien, que de joie à en recevoir; c'est une douce satisfaction qui dure toujours.

C'est qu'il encourageait le riche à suivre ce sublime exemple, paree qu'il représente la divinité sur la terre, et que le riche doit être la providence des pauvres.

Il m'est donc juste de dire que j'ai souvent remarqué avec un ravissant plaisir que le riche comblait de bienfaits l'humanité souffrante, (voir le volume de mes mémoires). C'est que M. Grandin avait le témoignage d'une *conscience pure*, elle faisait ses délices et sa félicité; car les bonnes œuvres portent avec elles de doux et précieux secrets, et la joie dans notre âme; elle perpétuera, j'en suis certain, sa paix et son bonheur dans le ciel.

Lorsque je le remerciai de ses bontés à mon

égard, il me dit : c'est un devoir à l'homme d'honneur de défendre celui qui est injustement calomnié, mais M. Le Roy vous aimez votre prochain comme vous même, ces nobles sentiments de Dieu, ne plaisent pas aux méchants qui traitent de fous ceux qui aiment, parce qu'ils ne savent que nuire par jalousie, et non aimer. Ce mot chéri et sacré *aimer* chez eux, est synonime de folie. Vous avez su souffrir et pardonner, vous avez bien agi, et moi en vous défendant j'ai rempli mon devoir, parce qu'on doit être le protecteur de la vertu et non la calomnier, l'avilir.

Ces nobles sentiments m'ont déterminé à écrire l'éloge de M. Grandin.

Enfin je compare toutes les respectables familles riches et pauvres, semblables à celle de M. Victor Grandin, je les compare à ces beaux arbres, où l'on a posé d'excellentes greffes et qui produisent toujours des fruits exquis. On doit citer avec plaisir des hommes si intéressants par leur activité à faire le bien et leurs talents, c'est un encouragement aux belles actions, elles contribuent à parfaire le bonheur des nations.

Evreux, Imprimerie de veuve COSTEROUSSE.

www.ingramcontent.com/pod-product-compliance
Ingram Content Group UK Ltd.
Pitfield, Milton Keynes, MK11 3LW, UK
UKHW022148190726
13855UKWH00004B/1393

9 782013 037679